NOUVELLE BIBLIOTHÈQUE THÉATRALE

FOU-YO

ÉTUDES DE MŒURS CHINOISES, EN UN ACTE

DE

MM. SIRAUDIN, DELACOUR & CHOLLER

Représentées pour la première fois à Paris, sur le théâtre du Palais-Royal,
le 6 juillet 1860

Prix : 75 centimes

PARIS

LIBRAIRIE NOUVELLE

Boulevard des Italiens, 15

A. BOURDILLIAT ET Cᵉ, ÉDITEURS

1860

FOU-YO-PO

ÉTUDE DE MŒURS CHINOISES EN UN ACTE

DE

MM. DELACOUR ET AD. CHOLLER

Représentée pour la première fois à Paris, sur le théâtre du Palais-Royal,
le 6 juillet 1860.

PARIS
LIBRAIRIE NOUVELLE
BOULEVARD DES ITALIENS, 15

A. BOURDILLIAT ET Cᵉ, ÉDITEURS

Représentation, traduction et reproduction réservées.

1860

FOU-YO-PO

Un intérieur chinois. Porte au fond et fenêtre. Portes latérales à droite et à gauche. Table à gauche, siéges, etc.

SCÈNE PREMIÈRE.

FOU-YO-PO, LA-I-TOU, TÉ-PÉ-KO, PLUSIEURS CHINOIS. [*]

Au lever du rideau, Fou-yo-po est debout au milieu de ses créanciers, près d'une table sur laquelle se trouvent des papiers. La-i-tou est assis à gauche et dort. Les autres Chinois sont debout et menacent Fou-yo-po.

CHOEUR DES CHINOIS.

AIR *des Deux Gilles.*

Non, non, non, non, plus de répit !
Non, non, non, non, pas de crédit !
Au plus vite
Que l'on s'acquitte.
Le Chinois est accommodant ;
Mais quand on lui doit de l'argent,
Il cesse d'être bon enfant !

FOU-YO-PO, derrière la table, cherchant à les calmer.
Chers amis... chers créanciers...

[*] La-i-tou, Fou-yo-po, Té-pé-ko, les Chinois.

LES CHINOIS, sur l'air des lampions.

De l'ar-gent... de l'ar-gent... de l'ar-gent !

FOU-YO-PO.

Vous dites toujours la même chose !... Écoutez-moi... (Tirant la queue de La-i-tou.) Réveille-toi donc, animal.

LA-I-TOU, avec extase.

Oh ! la belle femme ! (Il se rendort.)

TÉ-PÉ-KO.

Voyons... parlez...

FOU-YO-PO, assis.

Je viens vous exposer ma situation financière.

DEUXIÈME CHINOIS.

Je demande à voir vos livres...

FOU-YO-PO.

Je n'en ai pas... mais si on l'exige, j'en ferai faire... j'ai eu tort, il est vrai, de me lancer dans le commerce des savons... j'ai trop voulu faire mousser l'affaire... et le savon m'a glissé entre les doigts.

TROISIÈME CHINOIS.

Je m'en lave les mains.

FOU-YO-PO.

J'ai été débordé... comme on dit à la Bourse.

DEUXIÈME CHINOIS.

Tant pis pour vous !

TÉ-PÉ-KO.

Nous vous ferons fourrer à la prison pour dettes...

FOU-YO-PO.

A Clich-hong !... moi !

LES CHINOIS.

Non... non...

FOU-YO-PO, leur serrant les mains.

L'intérêt que je vous inspire remplacera celui que j'aurais dû vous payer.

LES CHINOIS.

Bravo ! bravo !

TÉ-PÉ-KO, à Fou-yo-po.

Alors, déposez votre bilan...

FOU-YO-PO.

C'est précisément là ce que je compte faire... Chinois, mes amis... je sais ce que c'est qu'une faillite... j'en ai déjà fait trois... honorables... la quatrième, inspirée par le savon, me laissera sans tache... je viens donc avec confiance, vous demander mon concordat.

LES CHINOIS.

Bravo ! bravo !

FOU-YO-PO.

Et mon filleul qui est à mes côtés, se joint à moi... (Tirant la queue de La-i-tou.) Réveille-toi donc, animal...

LA-I-TOU, criant.

Oh ! la la la !

FOU-YO-PO.

Vous l'entendez... c'est le cri du cœur... D'ailleurs, j'offre un dividende.

TOUS.

Ah !

FOU-YO-PO.

Deux pour cent.

TOUS, indignés.

Oh !...

FOU-YO-PO.

En quatre annuités.

TOUS, avec satisfaction.

Ah !...

FOU-YO-PO.

Dont la première vous sera payée ici, ce soir même.

LES CHINOIS, ébahis.

Bah !

FOU-YO-PO.

Voyons... les deux pour cent vous vont-ils?... une... deux... trois...

TOUS.

Adopté.

FOU-YO-PO, à part.

Le tour est fait... (Haut, quittant la table et venant serrer la main aux Chinois.) * Ces chers amis... c'est un plaisir d'avoir des créanciers comme vous, et je ne regrette qu'une chose : c'est que vous ne soyez pas plus nombreux... A ce soir, le premier payement.

TOUS.

A ce soir.

ENSEMBLE.

AIR : Fragment de *Ma nièce et mon ours*.

Que chacun soit content,
Deux pour cent, quelle heureuse aubaine,
Car il pouvait sans peine
Nous offrir... rien du tout pour cent.

FOU-YO-PO.

Que chacun soit content,
Deux pour cent! quelle heureuse aubaine,
Car je pouvais sans peine
Vous offrir... rien du tout pour cent.

(Tous les Chinois sortent excepté Fou-yo-po et La-i-tou.)

* La-i-tou, Fou-yo-po.

SCÈNE II

FOU-YO-PO, LA-I-TOU, puis KA-I-KA.

FOU-YO-PO, qui les a reconduits jusqu'à la porte, riant aux éclats.

Que je suis donc heureux d'avoir une rate, je puis me l'épanouir à mon aise... mais faisons partager mon allégresse à ma famille. (Appelant.) Ka-i-ka ! La-i-tou. (Apercevant La-i-tou endormi.) Quel abruti que mon fillot ! (Le tirant par la queue sur l'air du refrain connu.) La-i-tou...

LA-I-TOU, même refrain.

Oh ! la la la la !

FOU-YO-PO, idem.

La-i-tou.

LA-I-TOU, idem.

Oh ! la la la la ! c'est bête ! je rêvais femme !

FOU-YO-PO.

Toujours dormir !

LA-I-TOU.

C'est l'opion... Quand vous m'avez réveillé, elle allait faire le saut du trapèze devant moi.

FOU-YO-PO.

Qui ?

LA-I-TOU.

C'est mon secret... Vous êtes malin... mais vous ne le saurez pas !

FOU-YO-PO, à lui-même.

Quel idiot... et que je suis donc fâché de ne pas l'avoir flanqué dans le fleuve jaune... il y a dix-huit ans... je demanderai une dispense d'âge. (Haut, voyant entrer Ka-i-ka par la gauche. *) Ah ! voici Ka-i-ka, la plus jeune de mes épouses.

* Ka-i-ka, Fou-yo-po, La-i-tou.

LA-I-TOU, à part.

Ka-i-ka !... tais-toi... mon cœur... tais-toi.

KA-I-KA, entrant à petits pas.

Eh bien... ils sont partis...

FOU-YO-PO, radieux, à Ka-i-ka.

Lune de mes nuits... piment et caviar de mes jours... Félicite-moi... j'accomplis aujourd'hui ma quatrième faillite.

KA-I-KA, avec satisfaction.

Bah ! c'est arrangé...

FOU-YO-PO.

A deux pour cent. (Se frottant les mains.) Un pour cent de moins que la dernière fois... (Ils rient.)

LA-I-TOU.

Dites donc, parrain... vous allez bien... quatre faillites en dix-huit mois.

FOU-YO-PO.

Aussi, La-i-tou, pourrai-je bientôt me retirer avec une honnête aisance... c'est pour ma famille... mais ce n'est pas tout...

KA-I-KA.

Quoi donc ?

FOU-YO-PO.

Apprenez que cette nuit une fortune m'est tombée du ciel.

KA-I-KA et **LA-I-TOU.**

Une fortune !

FOU-YO-PO.

Chut ! (Indiquant une porte à droite et une à gauche.) Elle est là... et là !

KA-I-KA et **LA-I-TOU.**

Bah !

FOU-YO-PO.

Sachez qu'hier soir... (En ce moment Barigoul entr'ouvre la porte de droite : Il est en pantalon, en bras de chemise et ne passe que la tête.)

SCÈNE III

Les Mêmes, BARIGOUL, puis MUSQUETTE.

BARIGOUL, montrant sa tête à droite, premier plan. *

Pardon... si je vous dérange.

KA-I-KA et LA-I-TOU, effrayés, et se sauvant au fond de la scène.

Ah ! qu'est-ce que c'est que ça ?

FOU-YO-PO, s'inclinant.

Entrez donc... jeune barbare.

BARIGOUL.

Je ne suis pas encore habillé... vous n'auriez pas des crochets à me prêter ?

FOU-YO-PO.

Des crochets !

BARIGOUL.

Des tirants, pour mettre mes bottes.

FOU-YO-PO, ne comprenant pas.

Vos bottes...

BARIGOUL.

Chaussure à moi... bottes vernies... (Il passe une botte à travers la porte et la lui montre.)

FOU-YO-PO, regardant.

Ah ! un miroir !... (Il fait signe à Ka-i-ka et à La-i-tou de s'approcher. — Il avance avec précaution et regarde la botte avec curiosité. — En ce moment Musquette ouvre la porte de gauche, premier plan, et passe la tête. — Elle est en jupon. *

MUSQUETTE, montrant sa tête.

Hé ! Chinois !

* Ka-i-ka, La-i-tou, Fou-yo-po, Barigoul.
* Musquette, Fou-yo-po, La-i-tou, Ka-i-ka, Barigoul.

KA-I-KA et LA-I-TOU, effrayés, se sauvent au fond du théâtre.

Ah ! qu'est-ce que c'est que ça ?

FOU-YO-PO, allant à elle et s'inclinant.

Noble étrangère...

BARIGOUL.

Bonjour, Musquette.

MUSQUETTE.

Bonjour, Barigoul... (A Fou-yo-po.) Vous n'auriez pas un lacet...
je viens de casser le mien.

FOU-YO-PO.

Un lacet...

MUSQUETTE.

Pour mon corset. (Montrant son corset à travers l'ouverture de la
porte.) Corset à moi.

FOU-YO-PO, regardant le corset.

Tiens ! une armure... (Ka-i-ka et La-i-tou s'approchent, regardant le
corset avec curiosité.)

MUSQUETTE.

Bah ! je ne mettrai pas de corset.

(Barigoul et Musquette disparaissent.)

SCÈNE IV

FOU-YO-PO, LA-I-TOU, KA-I-KA.*

LA-I-TOU, encore ébahi.

Qu'est-ce que c'est que ces animaux là ?

KA-I-KA.

Des sauvages ?

* La-i-tou, Fou-yo-po, Ka-i-ka.

FOU-YO-PO.

Oui, des sauvages d'un petit endroit qu'on appelle la France.

LA-I-TOU.

C'est drôlement fait ces bêtes-là !

KA-I-KA.

Ça n'a pas l'air méchant.

FOU-YO-PO.

Ils sont apprivoisés... voici comment je les ai pincés... c'était cette nuit... je sortais de mon cercle...

KA-I-KA.

Où vous avez encore perdu, je parie...

FOU-YO-PO.

Sur parole... mais ça ne fait rien, je ne payerai pas... c'est compris dans ma faillite... (Ils rient.) Je tournais le coin de la rue quand, à quelques pas de moi, j'aperçois ces deux barbares... qui se promenaient le nez en l'air... ils m'accostent... et me demandent si je ne connaîtrais pas dans le voisinage un endroit où on loge à la nuit. J'allais les envoyer chez le père Ko-kan-patt, *au Crocodile bleu*, lorsque tout à coup une idée superbe me pousse. Je les interroge... et j'apprends que leur bâtiment a fait naufrage sur nos côtes... Aussitôt je leur offre l'hospitalité... la table, le logement, le blanchissage... ils se confondent en remercîments... me baisent les mains... ça m'est égal, j'avais des gants... et je les mène ici...

KA-I-KA.

Eh bien ! elle est jolie, votre idée... les héberger gratis...

LA-I-TOU.

Les nourrir pour rien... parrain, je vous ferai interdire...

FOU-YO-PO.

Rassurez-vous, ô ma femme... ô mon fillot... le sentiment généreux que vous me prêtez, n'est jamais entré dans mon âme... j'ai mon plan... un plan qui étonnera le monde... et dont les journaux du soir parleront à Paris. (Prenant sur la table une pancarte qu'il déploie en partie et sur laquelle on voit deux têtes grotesques.) Regardez ceci...

KA-I-KA.

Oh ! c'est joli !

LA-I-TOU.

Tiens, des images !

FOY-YO-PO.

Le portrait des deux exotiques... que j'ai esquissé cette nuit... (Achevant de déployer la pancarte.) Maintenant, lisez cela.

KA-I-KA, lisant l'affiche suivante.

« Avec la permission de M. le maire, ici on fait voir deux sauvages (mâle et femelle.) Deux Parisiens de la rue Mouffetard. (Espèce rare.)

LA-I-TOU, continuaut de lire.

« Exercices variés, tels que : rire, parler, manger, danser, se gratter... etc., etc.

KA-I-KA, continuant de lire.

« Prix des places : 2 cash. Les bonnes d'enfants et les braves en uniforme ne payeront que demi-place.

LA-I-TOU, lisant.

« *Nota benè* : On pourra les toucher, mais seulement avec précaution et avec un supplément. »

FOU-YO-PO, roulant la pancarte.

J'ai mis cela parce qu'il y a une femme... à cause des vieux Chinois... et aussi des jeunes... Eh bien ! comprenez-vous mon idée à présent ?

KA-I-KA.

Vous allez les montrer pour de l'argent ?

LA-I-TOU.

Comme des bêtes féroces...

FOU-YO-PO.

Voilà ! (Ils rient.)

KA-I-KA.

Et ils consentent ?

FOU-YO-PO.

Ils ne s'en douteront même pas !... Ils sont si bêtes, les Chinois ! Et quel plan !... Est-ce assez profond ! (Vivement, voyant entrer Barigoul et Musquette.) Mais chut ! les voici !... pas un mot devant eux.

SCÈNE V

LES MÊMES, BARIGOUL et MUSQUETTE. *

FOU-YO-PO, allant à eux.

Nobles étrangers... arrivez donc... (Présentant Ka-i-ka et La-i-tou.)
Ma famille... Ka-i-ka, ma septième épouse.

BARIGOUL, à part.

Elle ferait bien sur une étagère. (Haut.) Madame! (Il la salue par
un mouvement de tête violent.)

KA-I-KA, reculant effrayée.

Ah! **

FOU-YO-PO, la ramenant vers Musquette.

N'aie donc pas peur. (Bas à Ka-i-ka.) Ils sont apprivoisés.

MUSQUETTE.

Madame! (Elle lui fait tout à coup une grande révérence.)

KA-I-KA, reculant encore.

Ah!

FOU-YO-PO, à Musquette.

Timide... très-timide!

MUSQUETTE, avec un sourire affectueux.

C'est ce que nous appelons vulgairement une jolie grue.

FOU-YO-PO, très-gracieusement.

Trop bonne. (Présentant La-i-tou.) La-i-tou, mon fillot,*** salue, mon
ami. (Lui tirant la queue de manière à lui faire remuer la tête.) Salue
donc.

BARIGOUL, lui serrant vigoureusement la main.

Jeune homme!

LA-I-TOU.

Oh! la, la, la.

* Musquette, Fou-yo-po, La-i-tou, Ka-i-ka, Barigoul.
** Musquette, Ka-i-ka, Fou-yo-po, La-i-tou, Barigoul.
*** Musquette, Ka-i-ka, La-i-tou, Fou-yo-po, Barigoul.

FOU-YO-PO.

Salue madame.*

MUSQUETTE, à part, en lui passant la main sur la joue.

Il est gentil.

LA-I-TOU, reculant et se protégeant avec son coude, à part.

Elle veut me griffer.

MUSQUETTE, affectueusement.

Oh! le délicieux petit crétin!

FOU-YO-PO, très-gracieusement.

Trop bonne... mais vous devez avoir faim?

MUSQUETTE.

Ah! oui!... je béquillerais assez volontiers.

FOU-YO-PO, ne comprenant pas.

Hein!

BARIGOUL.

Béquiller... prendre sa becquée... petits oiseaux. (Il fait le geste de manger.)

FOU-YO-PO.

Très-bien... Ma femme va s'occuper de votre déjeuner... Ka-i-ka, mon épouse, à tes fourneaux. (Bas à La-i-tou.) Pose la pancarte et annonce que la séance va commencer. (Haut.) Moi, je tiendrai compagnie à ces nobles étrangers.

ENSEMBLE.**

AIR : *Refrain du Pince-nez.*

KA-I-KA et LA-I-TOU.

Pour nous, pour notre cœur,
Vous recevoir est un bonheur !
Pour l'hospitalité
Le Chinois fut toujours cité.

BARIGOUL et MUSQUETTE.

Nous sommes sur l'honneur
Confus de cet accueil flatteur ;
Pour l'hospitalité
Le Chinois doit être cité.

(Ka-i-ka entre à gauche. La-i-tou sort par le fond avec la pancarte, la la chaise, etc.)

* Musquette, La-i-tou, Fou-yo-po, Ka-i-ka, Barigoul.
** Musquette, Barigoul, Fou-yo-po ; Ka-i-ka et La-i-tou, 2e plan.

SCÈNE VI

FOU-YO-PO, BARGIOUL, MUSQUETTE.*

BARIGOUL.

Ne vous gênez pas pour nous... si vous avez quelque chose à faire... du linge à compter.

MUSQUETTE.

Du vin à mettre en bouteilles...

FOU-YO-PO.

Non, non... je n'ai rien à mettre en bouteilles. (A part, examinant leurs toilettes.) Sont-ils drôlement fagotés !

BARIGOUL.

Vous admirez nos toilettes ?... pelure distinguée.

MUSQUETTE.

Tournure ficelée ! **

BARIGOUL.

Ficelée... image empruntée aux saucissons.

FOU-YO-PO.

Vous dites ?

MUSQUETTE.

Pelure... comparaison tirée des fruits.

BARIGOUL.

Nous avons voulu vous faire honneur... mon cher... Tiens, vous ne nous avez pas encore dit votre nom.

FOU-YO-PO.

Fou-yo-po.

BARIGOUL.

Beau nom !

MUSQUETTE.

Belle étiquette... Nous avons des Fou-yo-po, à Paris !

* Musquette, Barigoul, Fou-yo-po.
** Barigoul, Musquette, Fou-yo-po.

FOU-YO-PO.

Nous ne sommes pas parents... (A part, regardant la porte du fond avec inquiétude.) C'est singulier... il ne vient encore personne.

BARIGOUL, le voyant regarder vers la porte.

Vous attendez quelqu'un ?

FOU-YO-PO, vivement.

Ne faites pas attention. (Changeant la conversation.) Et connaissez-vous notre pays ?*

BARIGOUL.

Vaguement... j'avais bien une potiche sur ma cheminée...

MUSQUETTE.

Moi, une boîte en laque sur ma commode.

BARIGOUL.

Mais ça ne nous donnait qu'une idée très-faible de la Chine.

FOU-YO-PO, inquiet regardant la porte.

Et êtes-vous contents de mon hospitalité !

MUSQUETTE.

Oh ! enchantés !

BARIGOUL.

Confus ?

FOU-YO-PO.

J'en suis ravi... je craignais... vous savez, les Chinois ont la réputation d'être si arriérés... si bêtes...

LA-I-TOU, paraissant à la porte du fond.

Parrain... en voilà un qui veut entrer... mais il ne veut payer qu'un cash.

FOU-YO-PO, contrarié.

Laisse-moi donc.., je cause.

LA-I-TOU.

Il dit que c'est trop cher... (Il disparaît.)

BARIGOUL.

Nous ne vous retenons pas... si vous êtes occupé.

FOU-YO-PO.

Du tout... un client qui marchande... un savon.

* Musquette, Fou-yo-po, Barigoul.

MUSQUETTE.

Du reste, nous ne voulons pas abuser de vos vivres... après déjeuner, nous partons.

FOU-YO-PO, vivement.

Comment partir... je ne le souffrirai pas...

BARIGOUL.

Fou-yo-po, il ne faut pas que vos historiens puissent dire que la France est un peuple de pique-assiettes.

FOU-YO-PO.

Ta, ta, ta... ma maison est à vous... ma table est à vous... tout ici est à vous... et vous y resterez jusqu'à ce que les Français soient arrivés.

BARIGOUL.

Après ça... à charge de revanche... si jamais vous venez à Paris, vous descendrez chez nous.

MUSQUETTE.

A notre petit cinquième, cent dix marches **à monter**... trop heureuse de vous recevoir.

BARIGOUL.

Vous et votre famille.

FOU-YO-PO.

A propos de famille, je vous demanderai la permission de vous présenter quelques parents, quelques amis.

BARIGOUL.

Comment donc... avec plaisir.

MUSQUETTE.

Enchantée de faire leur connaissance.

FOU-YO-PO, regardant la porte.

Je suis un peu inquiet de ne pas les voir... vous permettez que j'aille moi-même les chercher.

MUSQUETTE.

Allez, Fou-yo-po, allez.

FOU-YO-PO.

Pendant ce temps, préparez-vous.

BARIGOUL.

Nous préparer... à quoi?

FOU-YO-PO.

Mais... à déjeuner... à béquiller, comme vous dites.

TOUS, riant.

Ah! ah! ah! (Fou-yo-po sort à reculons en les saluant: Barigoul et Musquette le saluent comiquement.)

SCÈNE VII

MUSQUETTE, BARIGOUL *, dès qu'ils sont seuls, se rapprochent vivement.

BARIGOUL.

Que dis-tu de celle-là?

MUSQUETTE.

Je la trouve jolie!

BARIGOUL.

Quel roman !

MUSQUETTE.

Quelle aventure !

AIR *de Mangeant.*

Écoutez !

BARIGOUL.

Écoutez !

MUSQUETTE.

Tous les deux, natifs de Paris,
Nous habitions une chambrette;
Il est commis... je suis grisette...
Et nous vivions en bons amis.

ENSEMBLE.

Tous les deux, natifs de Paris,
etc., etc.

* Barigoul, Musquette.

BARIGOUL.

Tous les deux, natifs de Paris,
Nous habitions une chambrette ;
Je suis commis... elle est grisette...
Et nous vivions en bons amis.

BARIGOUL.

Notre double amour prit naissance
Un certain soir, au Casino...

MUSQUETTE.

Au milieu d'une contredanse
Mon pied rencontra son chapeau.

BARIGOUL.

Mais bientôt l'orchestre s'arrête,
Je m'approche en marivaudant...

MUSQUETTE.

Nous causons homard et crevette,
J'accepte un souper chez Brébant...

BARIGOUL.

Ah! ah !
Ah! ah !

ENSEMBLE.

Rappelle-toi ce souper-là !

MUSQUETTE, baissant les yeux.

Rappelle-toi ce souper-là !

ENSEMBLE.

Tous les deux, natifs de Paris,
Nous habitions une chambrette ;
Il est   Je suis
    commis.   grisette.
Je suis   Elle est
Et nous vivions en bons amis.

MUSQUETTE.

Peu travailleuse par nature,

BARIGOUL.

Toujours ennuyé, cahoté,

MUSQUETTE.

Je dis bonsoir à la couture,

BARIGOUL.

Je plante là la nouveauté.
D'aller nous promener en Chine
Je te propose un beau matin.

MUSQUETTE.

Ce plan me séduit, me fascine,
Et vite en route pour Pékin...

MUSQUETTE.

Mais quels drames !

BARIGOUL.

Nous naufrageâmes !

MUSQUETTE.

Nous voguâmes.

BARIGOUL.

Nous abordâmes !...
En ce pays, où cette fois...

MUSQUETTE.

Nous rencontrons ce vieux Chinois.

ENSEMBLE.

C'est égal ! je me dis :
Qui nous rendra notre Paris,
Notre Paris que je regrette ;
Et notre modeste chambrette.
Où nous vivions en bons amis.
Mon beau pays
Je te regrette.
O mon pays !
O ma chambrette !

SCÈNE VIII

Les Mêmes, FOU-YO-PO, puis KA-I-KA. *

FOU-YO-PO, portant un singe empaillé et un serpent.

Ne vous impatientez pas... me voilà.

BARIGOUL.

Qu'est-ce que c'est que ça ?... un singe !

* Barigoul, Fou-yo-po, Musquette.

MUSQUETTE.

Un serpent !

FOU-YO-PO.

Pour décorer votre appartement... un usage chinois... une manière d'honorer les étrangers que l'on reçoit...

BARIGOUL.

Fou-yo-po, vous êtes trop bon...

MUSQUETTE.

Vous nous confusionnez, Fou-yo-po...

FOU-YO-PO, à Barigoul, gracieusement.

Le singe unit la force à l'adresse... c'est votre image...

BARIGOUL, à part.

Vieil idiot !

FOU-YO-PO, à Musquette, galamment.

Le serpent a des mouvements onduleux... Il ne fait de mal
qu'avec la langue... c'est l'emblème de la femme.

MUSQUETTE, à part.

Vieille potiche !...

FOU-YO-PO, à part.

Ça ne marchait pas, mais ça va marcher... J'ai corsé mon affiche... J'ai ajouté ça à mes deux barbares... Ça fait quatre objets
à voir... En outre, j'ai acheté à La-i-tou une grosse caisse et une
vieille clarinette. (Il dépose le singe et le serpent sur un meuble à gauche. — On entend au dehors la grosse caisse.)

MUSQUETTE, effrayée.

Hein ! le canon...

FOU-YO-PO.

Rassurez-vous... une manière d'honorer les étrangers...

BARIGOUL.

Très-bien... une aubade... (Bruit de clarinette.— Barigoul, se bouchant
les oreilles.) Ah ! sapristi !... on écorche quelqu'un.* (Ka-i-ka rentre.)

FOU-YO-PO.

C'est la clarinette chinoise.

* Fou-yo-po, Ka-i-ka, Barigoul, Musquette.

MUSQUETTE.

Mazette !... ça tourne à la sérénade... (A Barigoul.) Quelle réception !

BARIGOUL, à Musquette.

Que d'honneurs !... (Haut.) Ah çà... et ce déjeuner ?...

KA-I-KA, qui a préparé la table.

Je vous sers... (Elle sort à droite.)

FOU-YO-PO.

Nous n'attendons plus que nos parents... (Radieux.) Justement, les voici... (Entre un Chinois d'un pas lent et calme. * Fou-yo-po le salue, et présente du geste Barigoul et Musquette. Le Chinois les examine avec curiosité et sans rien dire.)

SCÈNE IX

LES MÊMES, PLUSIEURS CHINOIS ET CHINOISES, LE MANDARIN MOU-DE-VO.

CHOEUR.

AIR *de Mangeant.*

Entrons ! (*bis*)
Puisqu'on peut sans dangers,
Dans ces salons,
Voir les deux étrangers.

MUSQUETTE, à Barigoul.

Saluons !... (Ils saluent le Chinois qui les regardent encore avec plus d'étonnement.) **

BARIGOUL, à Fou-yo-po.

C'est un de vos parents... un Fou-yo-po...

FOU-YO-PO.

Fou-yo-po junior... un cousin à la mode de Bretagne.

MUSQUETTE.

En voilà des binettes !...

* Un Chinois, Fou-yo-po, Musquette.
** Un Chinois, Barigoul, Fou-yo-po, Musquette.

FOU-YO-PO.

Mon oncle et mon beau-frère... (Barigoul et Musquette saluent à droite et à gauche.)

BARIGOUL, fatigué de saluer, à Musquette.

Ah ! ça m'embête !... Elle est nombreuse, la famille.

MUSQUETTE, à Barigoul.

Ni hommes, ni femmes, tous magots...

FOU-YO-PO, s'inclinant devant un gros Chinois qui entre.

Que vois-je?... le mandarin Mou-de-vo, dans mon immeuble... Quel honneur !

MOU-DE-VO, un carnet à la main.

Oui, en ma qualité de directeur du Muséum, je viens prendre quelques notes... Sont-ils méchants?...

FOU-YO-PO.

Non... mais pourtant... il ne faudrait pas trop les agacer...

KA-I-KA, qui est entrée avec un plat de viande qu'elle pose sur la table qui est au milieu.

Le déjeuner est servi... *

FOU-YO-PO, aux Chinois.

Vous allez les voir prendre leur nourriture... à table !...

BARIGOUL.

Tant mieux... j'ai un appétit du diable...

MUSQUETTE.

Je mangerais des cailloux...

MOU-DE-VO, prenant des notes.

« Les Français se nourrissent volontiers de cailloux... »

BARIGOUL, à la table.

Comment !... rien que deux couverts...

MUSQUETTE.

Et la société ?

FOU-YO-PO

Nous vous regarderons... c'est l'usage en Chine... une manière d'honorer les étrangers...

---

* Mou-de-vo, le Chinois, Fou-yo-po, Barigoul, Musquette.
* Mou-de-vo, Musquette, Fou-yo-po, Barigoul, Ka-i-ka.

BARIGOUL, s'asseyant.

Comme autrefois à Versailles... on circulait autour de la table des rois...

MUSQUETTE, s'asseyant aussi.

Ça m'est égal!... ça ne m'intimide pas. (Tous les Chinois entourent la table.)

FOU-YO-PO, aux Chinois.

Regardez, mais ne touchez pas...

BARIGOUL, étonné.

Vous dites?

FOU-YO-PO.

C'est à cause du singe... Je dis: Regardez, mais ne touchez pas...

MUSQUETTE, prenant des baguettes sur la table.

Qu'est-ce que c'est que ça?... des baguettes?

BARIGOUL.

Il n'y a pas de tambour.

FOU-YO-PO.

Pour prendre...

MUSQUETTE.

Je ne pourrai jamais manger avec ça...

BARIGOUL, ouvrant un nécessaire pendu à son côté.

Heureusement que j'ai là mon petit nécessaire de voyage... (Il le tire. — Les Chinois les regardent avec étonnement.)

LES CHINOIS, étonnés.

Ah!

MUSQUETTE, les leur montrant.

Couteaux... fourchettes... pour couper... piquer... (Elle fait le geste. — Les Chinois reculent effrayés, en poussant un cri aigu.)

LES CHINOIS, effrayés.

Hi! hi!...

FOU-YO-PO, aux Chinois.

Ne les taquinez pas...

MOU-DE-VO, prenant des notes.

« Les Français ne peuvent manger qu'armés de pied en cap... un petit sabre d'un main et une fourche de l'autre... »

BARIGOUL, mangeant.

C'est excellent !

MUSQUETTE, même jeu.

Délicieux !

MOU-DE-VO, les regardant, à Fou-yo-po.

Combien ont-ils de dents ?

FOU-YO-PO.

Je ne les ai pas encore comptées... (A Barigoul.) Pardon, noble étranger, le mandarin Mou-de-vo désirerait savoir combien vous avez de dents ?

MUSQUETTE, à part.

Est-il bête ?

BARIGOUL.

Soixante-quatre... à nous deux...

FOU-YO-PO, au mandarin.

Soixante-quatre...

MOU-DE-VO.

Très-curieux... très-curieux... (Écrivant.) « Les Français ont soixante-quatre dents... douze de plus que les requins, et quatre de moins que les crocodiles... »

BARIGOUL.

Qu'est-ce que nous mangeons donc là ?

MUSQUETTE.

C'est du mouton... (A Fou-yo-po.) N'est-ce pas ?... mouton... Il ne comprend pas... (Bêlant.) Bé... bé... bé...

FOU-YO-PO.

Non !

BARIGOUL.

Du porc ?... (A Fou-yo-po qui ne comprend pas.) Porc ?... Gron... gron... (Il imite le cochon.)

FOU-YO-PO, avec horreur.

Non.

MUSQUETTE.

Qu'est-ce donc ?

FOU-YO-PO, aboyant.

Ouâ... ouâ... ouâ...

BARIGOUL et MUSQUETTE.

Horreur !

FOU-YO-PO.

Un petit caniche de lait... que j'ai engraissé moi-même...

KA-I-KA.

Oh! mais il y a autre chose... Des côtelettes de tigre... des vipères au beurre d'anchois.

MUSQUETTE.

Merci... je n'ai plus faim...

BARIGOUL.

J'ai fini... (Ils se lèvent, aussitôt tous les Chinois applaudissent.)

MUSQUETTE, étonnée.

Qu'est-ce qu'ils font donc ?

BARIGOUL.

Ils nous applaudissent...

FOU-YO-PO.

Un honneur qu'ils vous décernent...

MUSQUETTE.

Ils sont très-polis...

FOU-YO-PO.

Et ils aiment beaucoup la musique... si vous vouliez leur chanter
quelque chose...

MUSQUETTE.

Mais, comment donc !... si ça peut leur être agréable, je veux
bien.

BARIGOUL.

Je t'accompagnerai.

FOU-YO-PO, aux Chinois.

Autre exercice... Ils vont chanter...

LES CHINOIS.

Ah !

MOU-DE-VO, à part.

Éclaircissons un fait... (Il regarde Musquette de très-près.)

MUSQUETTE. *

Qu'est-ce qu'il a donc à me regarder, ce vieux magot?

MOU-DE-VO, prenant des notes.

On doit classer les Français parmi les mammifères...

BARIGOUL, avec un tambourin qu'il prend à droite.

Y sommes-nous?...

MUSQUETTE.

Je commence... Le Dieu Kankan... ou la Pagode de la rue Cadet.

AIR *de Mangeant*.

A Paris,
Mes amis, *bis*.
Nous avons plus d'une pagode;
Et le dieu Kankan,
Un dieu bon enfant,
Est le dieu chez nous à la mode.
Avec ce dieu, ce n'est pas
En levant bien haut les bras
Qu'on l'implore
Qu'on l'adore !
Son culte plus fatigant,
Exige qu'on soit ingambe,
Car c'est en levant la jambe
Que l'on plait au dieu Kankan.
La manière
Singulière
D'honorer ce nouveau dieu-là,
Mes amis, la voilà !
La voilà !

TOUS.

Tra, la, la, la, la.

LES CHINOIS, accompagnant.

Koin ! koin ! koin !...
Tra, la, la, la, la.

MUSQUETTE.

L'Opéra,
Oui voilà *bis*.
D'abord sa première pagode ;
Mais le Casino,
Un temple nouveau,
Accapare aujourd'hui la mode.

* Mou-de-vo, Musquette Barigoul, Ka-i-ka ; Fou-yo-po, 2e plan.

Bien longtemps avec Musard,
En maître a régné Chicard ;
     Mais tout passe !
     A sa place
Kankan maintenant a pris
Pour le servir des prêtresses...
Et plus d'une à ses prouesses
A converti tout Paris.
     La manière
     Singulière
D'honorer ce nouveau dieu-là,
     La manière
     Singulière
Mes amis, la voilà.

TOUS.

Tra, la, la, la, la.

(Les chinois applaudissent. Musquette en dansant lance son pied dans
l'œil de Mou-de-vo, qui s'est approché d'elle.

MOU-DE-VO, à lui-même.

La jambe est à ressort ! Fou-yo-po, voici le supplément... je demande à toucher la jambe...

FOU-YO-PO.

Mais...

MOU-DE-VO.

Dans l'intérêt de la science...

FOU-YO-PO, a Musquette.

Noble étrangère, le mandarin Mou-de-vo demande à incliner à vos
pieds son chapeau chinois.

MUSQUETTE.

Inclinez, Mou-de-vo, inclinez...

FOU-YO-PO.

Et à vous presser la cheville... ce qui est la plus grande politesse
du pays.

BARIGOUL, à Musquette.

Laisse-le faire...

FOU-YO-PO.

Approchez, Mou-de-vo... (Mou-de-vo s'approche en la lorgnant.)

MUSQUETTE.

Ah ! zut !... (Elle lance sa jambe et attrape Mou-de-vo.)

LES CHINOIS, émerveillés.

Bravo !... bravo !... Bis ! bis !... (Musquette et Barigoul sortent.)

MOU-DE-VO, se frottant l'œil, à part.

J'en étais sûr... la jambe est à ressort... et on ne l'a pas arrêté...

FOU-YO-PO, aux Chinois.

La séance est terminée... Ce soir, exercices nouveaux et variés...

LES CHINOIS.

A ce soir. (Ils sortent très-joyeux, en cancanant et en cherchant à lever la jambe sur la reprise de l'air : Tra, la, la, la, la.)

SCÈNE X

FOU-YO-PO , KA-I-KA, puis LA-I-TOU.*

KA-I-KA.

Voilà la recette.

FOU-YO-PO, se frottant les mains.

Ils sont si bêtes les Chinois, vingt-deux cash de recette, plus un supplément. (Remettant de l'argent à sa femme.) Voici pour t'acheter un bonnet à sonnettes...

KA-I-KA.

Il y a assez longtemps que je vous le demande... et que vous me le refusez...

FOU-YO-PO.

Il le fallait... pour les convenances... On ne peut pas faire faillite avec tant de sonnettes... ça ferait trop de bruit... Ah ! je suis aussi très-content de La-i-tou... je lui achêterai une glace représentant un magot, pour qu'il se voie dedans. Ah ! le voici ! (Entrée de La-i-tou marchant en somnambule ; il porte sur le ventre une grosse caisse avec cymbales. Il s'avance lentement.) **

* Ka-i-ka, Fou-yo-po.
** Ka-i-ka, La-i-tou, Fou-yo-po.

KA-I-KA.

Qu'a-t-il donc ?

FOU-YO-PO, le regardant.

Ciel ! il ne se contente plus de ronfler assis, il est ronflambule...

LA-I-TOU, endormi.

Sur mon cœur... ange... sur mon cœur !

KA-I-KA.

Il rêve !

FOU-YO-PO.

Toujours cette femme...

LA-I-TOU, endormi.

Je t'aime, Ka-i-ka.

KA-I-KA.

Mon nom !

FOU-YO-PO.

Qu'entends-je ?

LA-I-TOU, en extase.

Oh ! te voir faire le saut du trapèze... comme Léotard-Tsin ?

FOU-YO-PO, furieux.

Tiens !... voilà pour ton Léotard-Tsin. (Il lui donne un coup de pied dans le derrière.)

LA-I-TOU s'éveillant.

Oh ! la, la... en plein... dans ma cymbale...

FOU-YO-PO.

Je connais enfin ton secret...

LA-I-TOU.

Bah !... j'ai parlé...

FOU-YO-PO.

Amoureux de ta marraine.

LA-I-TOU.

Eh bien, oui... comme Chérubin-Tsin. (Chantant.)

J'avais une marraine.

FOU-YO-PO, exaspéré.

Assez...

LA-I-TOU, continuant.

Que mon cœur, que mon cœur a de peine !

FOU-YO-PO.

Assez !

KA-I-KA, cherchant à le calmer.

Mon ami !

FOU-YO-PO.

Assez !... (A La-i-tou.) Décampe... sors d'ici... file vite, et va-t'en...

LA-I-TOU.

Vous me chassez ?

FOU-YO-PO.

Non-seulement je te chasse... mais je te flanque à la porte...

LA-I-TOU, s'animant.

Ah ! c'est comme ça... Eh bien ! oui... je décampe... mais je me vengerai... Parrain, vous aurez de mes nouvelles... (Il sort en frappant sur la caisse.)

FOU-YO-PO, le poursuivant.

Ma caisse !... rends-moi ma caisse... drôle ! paltoquet ! filou !... (Il sort.)

KA-I-KA, le suivant.

Fou-yo-po... mon ami... (Elle sort au moment où Barigoul et Musquette entrent par la droite.) *

BARIGOUL.

Ah çà! qu'est-ce qu'ils ont donc avec leurs grosses caisses...

MUSQUETTE.

Ils m'ennuient avec leurs aubades,

BARIGOUL.

Je commence à en avoir assez de l'hospitalité chinoise...

* Musquette, Barigoul.

MUSQUETTE.

Et moi... de leur nourriture... Un caniche braisé... et des vipères
au beurre d'anchois.

BARIGOUL.

Chaque peuple a sa pot-bouille.

MUSQUETTE.

Ah! je donnerais bien un sou et demi pour avoir deux sous de
pommes de terre frites.

BARIGOUL.

Et moi cent sous... pour recevoir un billet de garde... J'ai la nos-
talgie de la rue Maubuée.

MUSQUETTE.

Et moi donc !

AIR *de Bataclan.*

BARIGOUL.

Je veux revoir les beaux jours de première,
Les grands mélos de monsieur Dennery !
Te souviens-tu de la croix de ma mère ?
Sauvés, mon Dieu! (*bis*) merci!...
        T'en souviens-tu ?...
        Ah! ah!...

MUSQUETTE.

Ah ! ah !...

ENSEMBLE.

Heureux souvenir
    D'une vie
Où tout est plaisir
    Et folie !
Nous avions alors
    Pour richesse
Mieux que des trésors !
    La jeunesse !
Le vrai bonheur
C'est la jeunesse ;
De notre cœur
C'est la richesse !

MUSQUETTE.

Je veux revoir la chambre solitaire
Que j'égayais par un joyeux flon-flon!
Te souviens-tu de not'vieille portière
Qui rechignait en tirant le cordon ?
T'en souviens-tu?
Ah ! ah !

BARIGOUL.

Ah ! ah !

ENSEMBLE.

Heureux souvenir, etc.

MUSQUETTE.

Si nous filions...

LA-I-TOU, qui est rentré sur les derniers mots avec la pancarte pliée.

J'allais vous le proposer. *

BARIGOUL.

Toi...

LA-I-TOU.

Parrain m'a mis à la porte... j'en suis bien aise... parce qu'il me
tirait trop les cheveux.

BARIGOUL.

Imbécile.

MUSQUETTE.

Mais où irons-nous?

LA-I-TOU.

J'ai une jonque sur le canal... nous parcourrons toutes les gran-
des villes...

BARIGOUL.

Très-bien... mais vivre...

* Barigoul, La-i-tou, Musquette.

LA-I-TOU.

Ne vous inquiétez donc pas... je chipperai la grosse caisse et la clarinette... Quant à l'affiche, j'ai déjà filouté celle de parrain...

BARIGOUL, à Musquette.

L'affiche !

LA-I-TOU.

Pour mettre à la porte... la v'là... (Il déploie la pancarte.)

BARIGOUL.

Qu'est-ce que c'est que ça?... hein !

LA-I-TOU.

C'est vos portraits... Je vais vous traduire... (Parcourant l'affiche.) « Ici on fait voir deux sauvages... mâle et femelle... deux Parisiens de la rue Mouffetard... »

BARIGOUL.

Comment ! c'est nous qu'on fait voir...

MUSQUETTE.

Qu'on montre pour de l'argent...

LA-I-TOU.

Une idée à parrain...

BARIGOUL.

Et ce matin. . ces parents... ces amis.

LA-I-TOU.

Le public... ça l'a joliment amusé de vous voir manger... et... (Il fait le geste de danser.)

MUSQUETTE.

Ah ! c'est trop fort.

BARIGOUL.

Venir en Chine pour y jouer le rôle d'un veau... à deux têtes.

MUSQUETTE.

Être exhibée comme une femme sauvage... moi...

* La-i-tou, Barigoul, Musquette.

BARIGOUL.

Nous ne resterons pas une minute dans cette maison. *

MUSQUETTE.

Dis dans cette ménagerie.

LA-I-TOU.

Vous partez?

BARIGOUL.

Comme deux revolvers...

LA-I-TOU.

Avec moi... dans ma jonque.

MUSQUETTE.

Plus souvent.

BARIGOUL, à part.

Oh! quelle idée!... (A Musquette.) Silence!... (Haut.) Oui... avec toi... va tout préparer... et reviens nous chercher dans une heure...

LA-I-TOU.

Ils consentent!... ô bonheur!... je vais chercher ma jonque!...

BARIGOUL.

Voyons, dépêche-toi.

LA-I-TOU.

J'y cours. (La-i-tou sort par le fond.)

SCÈNE XI

BARIGOUL et MUSQUETTE.**

BARIGOUL, furieux.

Gredin de Fou-yo-po!... Tu me la payeras.

* Barigoul, La-i-tou, Musquette.
** Musquette, Barigoul.

MUSQUETTE.

Que comptes-tu faire?

BARIGOUL.

Partir d'abord... et profiter de la jonque pour gagner le large... une fois en mer nous trouverons bien un vaisseau pour nous ramener en France.

MUSQUETTE.

Sans doute...

BARIGOUL.

Mais ce n'est pas tout... Musquette, est-ce que tu n'est pas ulcérée du rôle ridicule que tu as joué en Chine.

MUSQUETTE.

Il est certain que je ne m'en vanterai pas auprès de ces demoiselles...

BARIGOUL.

Il nous faut une revanche... Fou-yo-po est vieux et laid... je me contenterai de sa femme et de son filleul...

MUSQUETTE.

Que veux-tu dire?

BARIGOUL.

J'ai mon idée... va préparer tes bibelots, et laisse-moi faire... (Entendant la ritournelle de l'air suivant.) C'est Ka-i-ka... (Poussant Musquette à droite.) Fais nos paquets... et n'oublie pas mon cuir à rasoirs.

MUSQUETTE.

Vieux gueux de Fou-yo-po, je vas fourrer ses potiches dans ma malle. (Elle sort.)

SCÈNE XII

KA-I-KA, BARIGOUL.

KA-I-KA, entrant avec une coiffure à sonnettes, qu'elle agite en chantant.

AIR *du Page de Marlboroug.*

Tin, tin, tin,
C'est la coiffure à la mode,
Tin, tin, tin,
J'aime ce bruit argentin,
Tin, tin. tin,
C'est élégant et commode.
Tin, tin, tin,
Ça plaît à Pékin.

BARIGOUL, à part.

Quel est ce monument?...

KA-I-KA, à part.

Oh ! le Français.

BARIGOUL, la retenant.

Restez, je vous en prie... rose de volupté, parfum des fleurs, biscote de mon âme.

KA-I-KA, à part.

Il est galant... (Haut.) Comment me trouvez-vous

BARIGOUL.

Je vous trouve à croquer... J'adore les femmes à grelots.

KA-I-KA.

Tout à l'heure dans la rue... tout le monde se retournait pour me regarder.

* Ka-i-ka, Barigoul.

BARIGOUL.

Ça ne m'étonne pas... (A part.) Elle a l'air d'un marchand de coco... (Haut.) A Paris on se rangerait sur votre chemin... pour vous laisser le haut du pavé...

KA-I-KA, se rapprochant vivement.

Vraiment !... (Sa coiffure sonne.)

BARIGOUL.

Entrez ! .. (Ne voyant personne.) Pardon... je croyais... Ka-i-ka... tes grelots me troublent.

KA-I-KA.

Vous dites...

BARIGOUL, avec entraînement.

Je dis qu'en voyant tes pieds invisibles, tes petits yeux en accents circonflexes.. ta coiffure abracadabrante... j'oublie les lois de l'hospitalité... je perds la boule... je...

KA-I-KA.

Je ne comprends pas...

BARIGOUL.

Tu vas comprendre... V'lan !..... (Il l'embrasse.)

KA-I-KA.

Ah ! (Les sonnettes s'agitent.)

BARIGOUL.

Entrez !...

KA-I-KA.

Vous m'aimez donc...

BARIGOUL, s'approchant d'elle.

Si je t'aime... ne remue pas... on pourrait venir... mais je t'adore... je t'idole... tu vas me parler de ton mari... ne remue pas... mais ton mari n'est qu'un magot... crois-moi, renonce à cette potiche... plante là cette vieille porcelaine, et viens à Paris.

KA-I-KA.

A Paris !...

BARIGOUL.

Ne remue pas... dans une heure, nous pouvons partir... et dans trois mois, si tu le veux, tu brilleras à la Foire de Saint-Cloud... tu auras une robe à paillettes... tu avaleras de l'étoupe enflammée, et tu consommeras plus de sabres qu'il ne s'en fabrique à Saint-Etienne...

KA-I-KA.

Mais c'est un enlèvement que vous me proposez là...

BARIGOUL.

Non... c'est une fugue... tu ne connais pas encore les finesses de la langue... Au nom du grand Bouddha, une fois, deux fois, trois fois, suis-moi... (Il veut l'entraîner, elle résiste, et fait sonner sa coiffure.) Je t'en prie... je t'en prie... à genoux...

KA-I-KA, remuant la tête.

Non, non, non... (Fou-yo-po paraît au fond avec Mou-de-vo et un autre Chinois.)

SCÈNE XIII

Les Mêmes, FOU-YO-PO, MOU-DE-VO, UN CHINOIS. [*]

FOU-YO-PO.

Que vois-je ?

BARIGOUL, à part.

Le mari... Elle a trop sonné...

FOU-YO-PO.

Le barbare aux pieds de ma femme...

BARIGOUL.

Une politesse française... Je ramassais une épingle...

FOU-YO-PO.

Assez...

---

[*] Ka-i-ka, Fou-yo-po, Barigoul, Mou-de-vo ; le Chinois, 2e plan.

MOU-DE-VO, à part, ses notes à la main.

Sont-ils vertébrés ou ne le sont-ils pas?. .

FOU-YO-PO.

Commençons par ma femme... Madame, rendez-moi mes sonnettes... (Il lui enlève son bonnet.) Et filez...

KA-I-KA.

Filer... *

FOU-YO-PO.

Filez... décampez... je vous chasse...

KA-I-KA.

Fou-yo-po, mon petit Fou-yo-po.

FOU-YO-PO.

Il n'y a plus de petit Fou-yo-po!... je vous expulse!

KA-I-KA.

Ah! c'est comme ça... Eh bien! oui... je pars... (Bas à Barigoul.) Dans un quart d'heure... avec vous...

BARIGOUL, à part.

Bravo!....

KA-I-KA, s'animant.

Et si je vais très-loin... très-loin... la faute en sera à celui qui m'y poussa... (Elle entre à droite.) **

FOU-YO-PO.

Poussa... elle m'appelle Poussah!... (A Barigoul.) Quant à vous, étranger... étrange... Je vous dis en chinois un gros mot qui signifie : polisson!

BARIGOUL.

Ah! mais, dites donc....

FOU-YO-PO.

J'en ajoute un second, qui veut dire va-nu-pieds...

* Fou-yo-po, Ka-i-ka, Barigoul, Mou-de-vo, le Chinois,
** Le Chinois, Fou-yo-po, Barigoul, Mou-de-vo.

BARIGOUL.

Faites attention... Je comprends votre chinois...

FOU-YO-PO.

Et je termine par un troisième, qui est synonyme de galopin...

BARIGOUL.

Ah ! c'est trop fort... eh bien ! moi j'y réponds par un geste, qui, en français, signifie coup de pied... (Il lui donne un coup de pied au derrière.)

TOUS.

Ah !

MOU-DE-VO, avec joie.

Il est vertébré !...

LES CHINOIS ET BARIGOUL.

AIR *du Lac des Fées.*

Ah ! quel affront, ⎱ sanglant !
Oui, l'affront est ⎰
Et quel ⎱ geste outrageant !
Et le ⎰
C'est une flétrissure,
Une mortelle injure.
Ah ! quel geste ⎱ outrageant !
Le geste est ⎰
Une pareille injure
Demande, je le jure,
Demande ici du sang.

BARIGOUL.

Un duel ! soit... demain matin... derrière la grande muraille...

MOU-DE-VO.

Non... tout de suite... ici...

BARIGOUL.

Hein ?

MOU-DE-VO.

Le temps d'aller chercher des couteaux...

BARIGOUL.

Des couteaux... un duel aux couteaux.

MOU-DE-VO.

Sans doute... le duel chinois... Oh! la loi est précise... quand un Chinois a été insulté, ne pouvant survivre à son déshonneur... il s'enfonce le premier son couteau dans le ventre...

BARIGOUL.

Parfait !

FOU-YO-PO.

L'insulteur ne pouvant résister à ses remords en fait ensuite autant...

BARIGOUL, à part.

Mais il me va, ce duel .. (A Fou-yo-po.) Vous êtes l'insulté, com-mencez... (A part) Pendant ce temps je filerai.

FOU-YO-PO.

Je vais chercher des armes... (Aux Chinois.) Ne le quittez pas...

BARIGOUL, contrarié.

Comment !... ne pas me quitter...

MOU-DE-VO.

A moins que vous ne fassiez des excuses.

BARIGOUL, à part.

Quelle idée ! débarrassons-nous de tous les trois... (S'exaltant) Des excuses !... à un vieux polichinelle comme ça.

LES CHINOIS.

Oh !

BARIGOUL.

A un saltimbanque... qui me fait voir par curiosité... à des badauds comme vous.

MOU-DE--VO.

Barbare !...

* Fou-yo-po, le Chinois, Barigoul. Mou-de-vo.

BARIGOUL.

Des excuses!... tiens!... tiens!... tiens!.. (Il donne successivement
un soufflet et un coup de pied au derrière à Mou-de-vo, et à l'autre Chinois.)

LES CHINOIS.

AIR PRÉCÉDENT.

Ah! quel affront sanglant !
Et quel geste outrageant
A flétri ma figure !
Quelle mortelle injure !
Ah ! quel affront sanglant !
Une pareille injure
Demande, je le jure,
Demande ici du sang...

MOU-DE-VO, se tenant la joue.

Il est encore plus vertébré que je ne croyais! (A Barigoul.) Monsieur,
vous m'en rendrez raison !

BARIGOUL. *

C'est convenu... trois ventres contre un... allez chercher des couteaux... je vous attends ici... et dans cinq minutes...

LES CHINOIS, d'une voix sépulcrale et faisant le geste de se percer le ventre.

Dans cinq minutes... Dzing !...(Ils sortent par le fond.)

SCÈNE XVI

BARIGOUL, puis MUSQUETTE.

BARIGOUL.

Ils se perceront la bedaine, s'ils le veulent... dans cinq minutes,
je serai loin d'ici... (Frappant à la porte de gauche.) Ka-i-ka, dépê-
chons-nous...

* Les trois Chinois, Barigoul.

KA-I-KA, dans la coulisse.

Je suis prête.

BARIGOUL, traversant le théâtre.

Il est gentil, leur duel chinois... (Ouvrant la porte de droite) Chaud,
là, Musquette... chaud !...

MUSQUETTE, paraissant.

Nous partons ?...

BARIGOUL.

Dans un instant... j'enlève Ka-i-ka et La-i-tou...

MUSQUETTE.

Qu'en veux-tu faire ?

BARIGOUL.

Ce qu'ils ont fait de nous... des bêtes curieuses... que je compte
faire travailler à l'Hippodrome... ou au Cirque...

MUSQUETTE.

Tiens ! c'est une idée !

BARIGOUL.

Il n'y a pas une minute à perdre... ferme ta malle et filons...

MUSQUETTE.

Voilà !... (Elle rentre.)

KA-I-KA, paraissant à gauche.

Faut-il emporter mes bijoux ?...

BARIGOUL.

Sans doute... ceux de votre mari aussi... comme souvenir...

KA-I-KA.

Très-bien. (Elle rentre.)

BARIGOUL.

Et cet idiot de La-i-tou qui n'arrive pas... voyons un peu... (Au
moment où se dirige vers le fond, la porte s'ouvre, les trois Chinois entrent
d'un air sombre et majestueux, tenant chacun un grand couteau à la main,
— Barigoul recule.) Fichtre... pincé...

SCÈNE XV

BARIGOUL, FOU-YO-PO, MOU-DE-VO, UN CHINOIS, puis MUSQUETTE, KA-I-KA, et LA-I-TOU.

LES TROIS CHINOIS.

AIR *de Mangeant*.

Qu'on s'extermine,
Et sans regrets !
La lame est fine.
Et sans re...
(Faisant avec le couteau signe de percer.)
Dzing !

MOU-DE-VO.

Nous sommes prêts !

BARIGOUL, à part.

Animal de La-i-tou.

FOU-YO-PO, remettant un grand couteau à Barigoul.

Voici pour vous... Il sort de chez le rémouleur...

BARIGOUL.

Parfait !... Eh bien ! commencez... *

LES TROIS CHINOIS, levant leurs couteaux.

Commençons...

MOU-DE-VO.

Un instant !

BARIGOUL.

Non ! non !... allez donc !

* Le Chinois, Fou-yo-po, Mou-de-vo, Barigoul.

MOU-DE-VO, les arrêtant.

Avant... une prière au grand Fô... pour qu'il nous accorde la grâce de ne pas nous manquer...

FOU-YO-PO.

C'est juste!... Prosternons-nous. (Ils se prosternent en tenant leurs têtes, qu'ils cachent dans leurs mains. Ils forment un petit bloc : Mou-de-vo et le Chinois à droite et à gauche, Fou-yo-po au milieu, face au public ; les trois têtes se touchent.)

BARIGOUL, à part, en les regardant faire.

Bravo!... maintenant, en route! (Musquette et ka-i-ka sortent de leurs chambres. La-i-tou entre par le fond ; Barigoul leur fait signe de se taire.) Chut!... pas de bruit!

ENSEMBLE.

AIR *de Mangeant.*

Ils sont tous } bis.
A genoux.   }
Leur front vers la terre s'incline,
Et sans les troubler
Nous pouvons filer
En disant bonsoir à la Chine.

BARIGOUL.

Attendez!... (Il attache les trois queues des Chinois les unes avec les autres.)

MUSQUETTE, KA-I-KA ET LA-I-TOU.

Bravo !

MUSQUETTE.

A nos trois vilains magots
Accordez quelques bravos.
          (Les désignant.)
    Ils vous prient,
    Vous supplient !
Sur le tableau de ce soir
N'allez pas nous chercher noise,
C'est une étude chinoise (*bis*)
Très-exacte... Allez-y-voir !

LES TROIS CHINOIS, priant. (Suite de l'air.)

Koin ! koin ! koin

MUSQUETTE.

En silence,
Vers la France,
Maintenant, mes amis, filons.
En silence,
Vers la France,
Décampons
Et partons,
Décampons!

BARIGOUL, au fond avec les autres.

Le cordon, s'il vous plaît !

LES TROIS CHINOIS, poussant un cri et se levant.

Ah! (Se sentant retenus par leurs queues, ils tournent se poussent et se débattent ; les autres disparaissent en riant.)

FIN

Paris. — Imp. de la Librairie Nouvelle, A. Bourdilliat, 15, rue Breda.

Paris. — IMP. DE LA LIBRAIRIE NOUVELLE. — A. Bourdilliat, 15, rue Breda.

9 782329 315249